공작 도시

시에시선 **097**

공작 도시

박민교 시집

詩와에세이

차례__

제1부

완벽한 타인 · 11
말 달리자 · 12
21c, 한중록 · 14
병원 놀이 · 16
뜯다 · 18
오래된 로스팅 · 20
슬픔을 건너는 방식 · 22
미키 마우스 알고리즘 · 24
뭉크의 절규 · 26
Ring · 28
우레 · 30
연습생 · 32
회색인 · 34

제2부

자이로 나침반 · 39
빛바랜 나침반 · 40
구름 나침반 · 42
글쎄, 잠수부와 함께하는 나침반 · 44
초식(草食) 나침반 · 46
안개 나침반 · 48
봄은 나침반처럼 · 50
뜻밖의 나침반 · 52
굴렁쇠 나침반 · 54
풀 하우스 나침반 · 56
엇박자 나침반 · 58
웜홀 나침반 · 60
비누꽃 나침반 · 62

제3부

거침없이 하이킥 · 67
미용실에서 · 68
이중 거울 · 70
지렁이, 육상 진출기 · 72
종이꽃, 은유 · 74
언어도단 · 76
쇼케이스 · 78
두레박 콤플렉스 · 80
AI 명상 · 82
댓글부대 · 84
팽이 · 86
40일 · 88
두 개의 빛 · 90
레시피 작법 · 92
불규칙동사 · 94
밤의 불립문자 · 96

제4부

어머니의 탱자나무 · 101
펜트하우스 · 102
오징어 줄행랑치다 · 104
거울 접기 · 106
손(損) · 108
블랙홀 · 110
공작 도시 · 112
아니리 · 114
Post · 116
깜지처럼 · 118
Drip · 120
반문(反問)을 닦다 · 122
삐딱한 성찰 · 124
계모 견문록 · 126
작살 · 128
부재의 방식 · 130

해설 | 공광규 · 131
시인의 말 · 151

제1부

완벽한 타인

완벽이라는 말은 완벽할 수 없다
결핍을 이해하는 결핍이 없는 것처럼
서로가 가장 큰 결핍인데도 알지 못한다
위선은 눈에 보이지 않는다
한쪽 가슴엔 우물을 다른 쪽 가슴엔 솟대를 품은 채
당신과 관련된 소문을 수소문하고 있다

자신이 세계의 중심이 아니라고 여기는 그녀
하늘이 막혔다는 말은 더 이상 유효하지 않았다
바람은 왜 그렇게 부수고 자르고 파란을 일으켰을까
두려움 걱정 후회 혹은 자포자기가 한꺼번에 몰려왔다

외로움을 달래 줄 외로움은 없다
그러니까 외로움도 죄가 된다
완전무결한 고독
버려진 과일 껍질과 같은 모양이다

말 달리자

무책임한 감상
방탕한 몽상이
기초 수급자인 나에게 꿈틀대요
광염 소나타의 주인공처럼 내달리고 싶어요

치렁치렁 늘어진
얼얼한 신경 체계
생생하고 복잡한 오감도 같아요
가난하다고 상상까지 가난하진 않아요

엄마는 떠나고 아빠는 무능하다는 소녀 가장 이야기
너무 흔하다고요 하루 두 끼 불어 터진 라면을 먹을 때
씹어야 하는 횟수는 중요하지 않아서
아빠가 새엄마를 데려왔을 때 재빨리 받아들였어요
아무리 서먹서먹해도 암시적이든 명시적이든
인칭이 많은 건 좋아요
시청률이 낮은 나의 삶에서 잦바듬하게 쳐다보는 사람
한 명쯤 있어도 괜찮아요

시선은 쓰레기통에 버리고 그 쓰레기통마저 버리면
그만이니까요

오늘도 교과서 밖을 달립니다
나만 동떨어져 있어도
사는 건 거기서 거기라고 말했던 사람들 보라고
광활하게 공상을 펼칩니다

가상은 한 번도 나를 버리거나
방치하지 않았으니까요

21c, 한중록

컴컴한 자궁 속 내부가 뜨거워요
매캐한 공기, 뜻하지 않는 폐쇄를 인식할 때쯤
버려진 유기견
지극히 관조적이에요

완벽할 때까지 세계의 모든 것에게
반려를 전해주려고 했지만
주인은 무턱대고 새끼를 빼앗아 어디론가 사라졌어요

어미와 새끼의 생이별
원수를 사랑해야 할까요
신의 가호가 닿지 못한 목줄을 끊어야 할까요

생명이 상품이 되는 순간
절망이 탄생한다는 걸 왜 모르는 걸까요

메마른 꼬리를 흔들며 꼬리를 내려야 할 시간
작(作) 하는지 술(戌) 하는지

주인의 사랑은 절대로 호의적이지 않았어요

가혹한 생존
먹이를 거부하는 어미에게 주인은
고깃국을 끓여줬어요

남들도 다 그러하다는 듯
다정한 척을 했지요

철저히 만신창이가 된 어미의 심연
피가 나도록 목줄을 당겨 끊고 달아났어요

바닥을 앞발로 긁은 흔적이 남았어요
꼭 한중록으로만 보였어요

병원 놀이

나는 소독약 냄새에 길들여진 최초이자 최후의 인간
분명히 알코올 중독 격리 이후
우리라는 세상이 올 거라 믿었는데
여전히 독주의 방식으로 구석을 고수한다

짐승의 가죽을 다루는 의사처럼
햇살은 매일 창가에 와서 내 상처를 걷어내려 하지만
나의 수전증은 노출이 심하다
매뉴얼 대로 처방전이 내려지고
약물 치료보다 무서운 독방에 갇히지만
금단 현상이 짐승처럼 울부짖는다

시를 쓰면 시에 취해 술이 도진다
어머니는 '그깟 시가 뭐라고'
필기도구를 다 감추어 버렸다
나는 손톱으로 벅 벅 벅 벽에 시를 쓴다

어떤 날은 윤동주가 내 안에 들어오고

어떤 날은 김소월과 김수영이
한꺼번에 왔다 간다

친절한 가혹처럼 타락한 자유처럼
시를 쓰면서 술잔을 비우곤 했다
나는 시체의 날을 견뎌내듯 술을 먹지 않고는
시를 쓸 수 없었다

그럴 수도 있다고 멋쩍게 웃고 있는 달
손톱에 핏물이 고여도 독자가 되어 주었다

우리에 가둬 두면 야생성이 사라지듯
한 달 후 내 시는 순해졌다

세상을 할퀴지 않고 조용히 응시만 했다
의사는 치료가 잘되어 술 없이도
시인이 될 수 있다고 했다
그런데도 술은 늘 부족해서 살맛 나는 세상이다

뜯다

자기만의
자기다운 것을 위한 콤플렉스

시도 때도 없이
물어뜯는 손톱
거스러미가 거슬리기 시작했어요

자꾸만 물어뜯다 보니
뭐든지 물어뜯는
강박이 자라고 말았어요

적적함을 물어뜯는 적적함
좌절을 물어뜯는 좌절
고독을 물어뜯는 고독
나른함을 물어뜯는 나른함

문제는 나 혼자 있을 때보다 더
당신과 함께 있을 때 더더욱 도진다는 거예요

당신은 몰라요

물어뜯을 때마다
적적함의 피
좌절의 피
고독의 피
나른함의 피가 배어 나오고 있다는 걸
당신은 진짜 몰라요
뜯기다 뜯기다
또 뜯겨 버릴 관계의 살과 뼈
습관은 딱히 이유를 말하지 못해요
누가 와서 이런 나를 물어뜯어 줄래요

오래된 로스팅

톡톡톡 튀는 사람
줄줄이 세는 건 잡을 수도 피할 수도 없다

끓었다 식었다
이곳은 딜레마의 구간
삼단논법 하나씩 떨궈내야 한다

산더미처럼 쟁여놓은 화두
옴옴옴
순식간에 훅 달아오른다
뽀닥뽀닥 뽁기의 여정일까
고질은 사라지고 집착은 정점인데
'너 정말 움켜쥔 게 틀림없구나'

후회는 사람을 걸러준다고 했지만
무엇을 기억하는지
거름망조차 잃어버렸다

등 떠밀며 떨어지는 기분…
이래저래 울다 웃었다를 자청한다
더 이상 글썽글썽에 젖어들면 안 된다
수분은 증발되고 심장을 냉각기에 식혀야 할 시간

Take Out
현재 완료형이 분명하다

슬픔을 건너는 방식

슬픔은 단호하다
슬픔은 내 몫이 아니어서 슬픔 앞에서
좀 더 슬픈 척을 했다

버팀목이 사라진 등나무 가지
그 나무 나무마다 무엇이 터지려는지
나는 밑바닥이라는 등급을 획득한다

흙먼지 속에서 공황과 우울이 동거를 멈추지 않는 날
나에게만 다가오지 않는 빛과 바람과 소리가
바깥에만 머물러도
내게만 들리는 내팽개진 마음이 있어도
귓전에 들려오는 '나가라'는 목소리가 있어도
나는 슬픔에게 지지 않으려고 작은 창문을 열었다

휑한 눈
나를 지켜야 하는 항체가 나를 공격하다니
의지의 처방에 따라 숨을 쉬고 꾸물떡거리다가

꼼짝없이 전쟁을 치른다

슬픔에도 급이 있다
바닥으로 떨어져서 복귀가 불가능할 때
바닥의 목소리가 자꾸 친밀하게 들릴 때
별일에 따라 별일이 없으신가요

안구 돌출 사시 복시와 같은
'무인도에 떨어져도 슬픔이라는 사전을 찾아봐'

슬픔을 슬픔처럼 공부하는 자세로
적어도 밑바닥은 슬픔이 많다고
나를 밀어내지 않으니까
창문 밖
모과나무 열매가 열렸다

미키 마우스 알고리즘

쥐락펴락
쥐구멍에도 볕들 날 있을까요

정월 대보름이 지나면 풀어낼 수 있다는 말
암소의 이빨이 흔들리면 제각각 쥐 꼬리를 꼬아댄다

170cm를 7마디로 새끼줄을 자를 시간,
지성이면 감천입니까

뿌리내릴 땅
모르는 사람을 기다린다

엎어치거나 메치거나
모든 입력값에 대해 조금 더 정확하게 따져보자면
5분도 못 버티고 몸이 배배 꼬일지도 모릅니다만,

무계(無戒)도 무정지합
쥐띠 궁합은 맞는 듯 아닌 듯 리딩은 왠지

빠듯해 보였고
괜히, 심보가 꼬였나 하는 생각은 그렇다 치고
모으는 재주보다 구르는 재주가 필요한 때

오우 미키 마우스!
'끊임없이 앞으로'
꼬리에 꼬리를 하나 더
낮말은 새가 듣고 밤말은 쥐가 듣는다

기이하게 딱 들어맞는 치성입니다

뭉크의 절규
―숨을 쉬고 싶다

독백으로 시작된 헝클어진 하늘길
난간에 기대섰다
어지러운 생각 안고

해 질 녘 환청의 시간
숨을 잠시 고른다

혼자가 되는 순간
어디까지 스밀 건지
소리 없이 번져가는 수상한 템포였다

세상에 없는 내가
나였거나 나이거나 나일 것인데
덜 자란 내가 나를 증식한다

뭉크의 뭉클에 취한 듯
내 안에 갇힌 내가
먼저 나를 부른다

남들과 보폭을 맞추는 일
누군가의 기대에 부응하는 일
어머니로부터 벗어나는 일들은 치열하고 처연했다

활활활 이글거린다
타는 노을에게 감정이 필요없다

한사코 뒤돌아서
한숨만 내쉬다가
속수무책을 껴안는다

Ring

석가탑의 정수리에 걸린 달빛
고리가 되는 순간
이것은 빛의 테마
어머니의 어머니로부터 시작된 비연(悲緣)
나는 그만 탯줄을 자르고
불복종을 이어받았다

외할머니에서 어머니, 어머니에서 딸에게로
이어진 고리
떠나고 나면 신병을 앓는다고 했는데
나는 하나도 아프지 않았다

사람들은 우리 집을 무당집이라 불렀다
햇무리 빙빙 도는 징 꽹과리 장구로 굿 치면서
나를 집어삼킨 상상력은 언제나 깃발을 흔들었다
손님들이 들이닥치면 불안이 시작되고,
필연 우연 기연 악연을 중얼중얼 읽어낸다
설핏 가린, 어머니 치맛자락 응어리를 보듬는 밤

외줄 타고 왔다 갔다 한땀 한땀 건너 뛴다
발을 동동 굴러댄다 해결되지 않은 마름질일까
빽빽하거나 헐거워진 관계였다

흐물흐물 녹아내린 뼈
열심히는 기본이다
치열한 푸닥거리

우레

검은 자궁 속 밀폐된 그 이름에 대하여

어머니가 어머니가 될 수 없다는 조짐에 대하여

더욱이 예쁠 것도 없이 떨어지는 단풍잎에 대하여

갱년기가 올 때까지 끝나지 않던
아버지의 화투 놀음에 대하여

어머님의 인내심을 이해하는 어머니에 대하여

나무껍질처럼 거칠어진 손에 대하여

더 이상 월경을 읽어낼 필요 없는 나이에 대하여

임신 출산 부양에 갇힌 시간에 대하여

잊지 말라고 우레가 찾아온 것이다

번개가 찾아오는 순간만은
아주 잠깐 죄를 떠올리니까

연습생

'여실히 오는 자'
토(吐)를 달지 마세요
새롭게 발견될 기록처럼 되려고
불가능과 불현듯을 벗고 도전을 껴입었어요
슬럼프와 내 몸이 하나 되어 움직이던 날
제일 마지막에 발바닥으로 터치했지만
남은 건 비웃음뿐
극단을 삼키지는 마세요

한번 접었던 날개를 다시 펴는 날
날개 없이 사는 내가 또다시 날개를 작정했어요
'한 번만 더 날아 봐'
지쳐서 나가떨어질지도 몰라

실패와 가능성 사이 꼼짝없이 갇힌 채
오디션과 오디션 사이 그대로 멈춰버렸어요

내가 없는 무대를 끝없이 무너뜨리며

머리에서 발끝까지 쉼표를 답습하면서
끝까지 나만의 희비극을 반복하면서
연민이란 단어는 꺼내지 마세요

위기가 중첩되어도 턴을 다시 감행할 수 있다고
마침표를 찍을 수는 없으니
착지는 가볍게 반전은 뜨겁게
숨이 탁 멈출 때까지

오늘은 엑스트라지만 내일은 주연일 거다

회색인

물안개가 껴 있는 몽환적 그림 같아
아이가 벽에 낙서를 해도 화내지는 마
링크가 걸려 있지 않는 잿빛 도시
나의 아빠는 한국 사람이고 엄마는 베트남 사람
나는 한국과 베트남 반반이야

안개 낀 구간을 지나갈 시간
나는 끝없이 변두리라서
내게만 봄이 늦게 도착하곤 했어

갑자기 빨려 들어온 물, 불, 흙, 공기
이방인이 아닌데 이방인처럼 떠돌고 있으니
외로운 관계 맺기, 관계마저 최소화하기
순수에도 참여에도 속하지 못했어

바람벽에 등을 기댄 사람
나는 누구일까
'불이기 때문에 못 들어가고 쫓겨났어도'*

폭발하기 일보 직전이어도
거슬러 그렇게 흐르는 것들

나를 따라다니는 안개가
나에게만 달라붙는 건 당연한 일
어눌한 말투 집단 따돌림은 익숙한 일
지나가는 사람들이
나를 한 번 쳐다보는 일 또한 불편하지 않은 일

여기저기 긁적거렸어
이맘때면 찾아오는 불청객이야

의례적으로 그렇게 반반씩 섞였다고 했으니
'비벼 비벼' 비빔밥처럼 비비는 건 어때

*영화「엘리멘탈」

제2부

자이로 나침반

파랑을 이해하면 방향이 사라질까
그 속에 활공(滑空)하는 물거품의 태도들
눈물과 아귀 맞추는 지침만이 필요하다

밤새도록 부표처럼 이별을 흔들더니
S극의 파열음이 나락으로 빠져들 때
한순간 애증과 함께 심해 속으로 가라앉고
암흑의 순간들이 숨통을 조여와도
입수의 포로가 되어 끝없는 길 찾을 테지

비린내처럼 달라붙은 부석 해진 결말들
기척을 끌어안고서 변방을 호위한다
하나뿐인 목적지를 바꾸지는 않을 거다

아무리 허우적거려도
오늘도 난 직진이다

*자이로 나침반: 지구의 자기(磁氣)를 이용하여 자침(磁針)으로 방위를 정하는데 고속으로 회전하는 자이로(gyro)컴퍼스가 있다. 주로 항해용으로 쓰인다.

빛바랜 나침반
―석고상(石膏像)

수천 년 사는 동안 신화는 없어졌다
혼자를 작정하니 한숨조차 완벽해서
영원을 흠모한 죄로
상반신만 남았다

팔다리 없이도 존재할 수 있구나
굳어버린 신경 세포 뼈처럼 단단하니
차디찬 몸뚱어리로 소외를 암시한다
주목받지 못하는 아그리파 줄리앙 비너스 니오베
드디어 끝이 난 걸까
죽어도 살아야 하는 하얀 붕대 속이 가렵다

중심 없는 오마주
흰 알맹이에 미세한 덩어리
입김을 불어넣을 오후 6시
어마 무시한 광휘를 보겠다

허망하게 나뒹굴어도 뜨거운 노래도 허파도 없지만

무표정한 얼굴로 가면을 거부한다

실없이 웃어주다 가벼이 해체되는 동강난 좌측 절반
오늘의 배역은 뼈를 붙이지 못한 밤에 비틀어진다

환상 속
냉정한 눈길
자존을 고수한다

구름 나침반

색이 바랜 이것도 또 하나의 나침반
십이월 저 혼자 피어난 봄꽃처럼
나만 알고 있는 그날이 또다시 각인된다

당신의 발자국이 상징으로 찍히는 동안
마음속 잉걸불 꿈틀대기 시작하고
불현듯 새가 날아들면 바늘 끝이 떨리겠지

구름도 색깔이고 태도란 걸 알았다
뭉게뭉게 피어날 땐 내용 없는 형식 같더니
먹물을 머금고 나선 뇌우(雷雨)처럼 떠돌았다
발원지는 언제나 아버지의 몸속이다

숨죽인 일기장 속
안개는 왜 흰 꽃이 되었을까

마음껏 웃지 못한 하루하루 새겨지고
끊임없이 젖어들던 의미를 다 껴안는다

회색이 되어가는 이 거짓 흑백이
먹구름 삼키면서 맑은 날 도모했다

꿈꾸다 죽어버릴 사모곡
움푹한 뒷모습 되어 멀어지듯 다가오고
먹먹히 밀폐된 우물처럼 조용하다

그리움 벗어날 수 없어 대기(大起)는 불안하다
빗나간 질문 속에 양 떼들이 늘어난다

글쎄, 잠수부와 함께하는 나침반
—머구리

물의 중심이라고 여기는 L 씨
뜬구름 잡는 여론 몰이 중

가까스로 버텨내는
스물셋 빈곤한 봄
육지가 아닌 바다에서 방어벽 치는 걸까

중력을 잃어버린 몸의 좌표를 실감한다
지저귀는 곤줄박이 거대한 바이러스
한계를 뛰어넘던
아버지의 사리 물때

돌담 밖 '게끄시 가게'**
물구덕과 살았다

통눈과 봉틀 사이
신경이 끊어져도
파란만장 과시하듯 당돌하게 버텨낸다

위험이 큰 만큼 수익도 클 거라고
질구덕 족보 속에 숨이 턱 차올라도
눈과 귀 열어 놓고서 하나라도 건져야 해

몸통째 휘몰아치는
제주 바당 주인공이다

*머구리: 수면과 연결된 호스로 공기를 공급받는 우주복 같은 잠
 수복을 입은 잠수부
**게끄시 가게: "바닷가로 갑시다"라는 제주도 말

초식(草食) 나침반

나의 잠이 언제부터 식물성으로 바뀌었을까

수액 같은 관심을 온몸으로 받아내며
생각이 햇빛 속으로 뿌리를 뻗는다

뇌 속을 갉아먹는 포식성을 거부하며
바람의 페이지를 천천히 음미한다

모든 건 소용돌이 속 서녘이 넘실댄다

근심과 걱정을 스스로 망각하던 날
걱정을 해서 걱정이 없어지면 걱정이 없겠네*

무연하게 누워서 이생망** 실천하니
허물 속 나만의 환(幻) 아무도 모른다
날마다 찾아온 호접몽 실물로 만나고 있다

이카루스의 날개

접는 것보다 펴는 것이 쉬웠다

어머니 이제 그만 진짜 흙을 주세요
다년생이 되기 싫어요
뜬구름만 있잖아요

욕창 꽃, 축축한 잎사귀들 초록을 끌어당긴다

*티베트 속담
**이번 생은 망했다는 신조어

안개 나침반
―빙의(憑依)

스스로 빛을 내지 않는 너
행적이 묘연하다

'도대체 무슨 일이야'
어둠의 끝에는 빛이 있다고 말해 놓고
365일 잠만 자고 깨어날 줄 몰랐다

술 취한 밤마다 불온하게 뒤틀린 밤
추임새 한번, 대답 한번 건네지 않는다
절벽을 껴안은 후에야 그때 문득 오려는가
첫새벽 불현듯 안개처럼 눈을 뜨니
종이 위엔 나도 모르는 가편(佳篇)이 펼쳐져 있다

마구마구
죄다 꺼내놓는다

우글거리는 픽션
끌리다 녹다 미치다는 바닥난 밑천일 터

억압과 치유의 먼 거리
시마(詩魔)에 홀려든 거다

봄은 나침반처럼

던져 놓고 기다릴까
한 번 더 바꿔볼까

S극의 은밀함이 꽃씨 안에 여릿하다

샛노란 봉오리 향해
자오(子午) 선을 긋는다

지평선 저린 눈빛이 꽃의 개화 부추기니
눈물을 꽂으면 움찔 반응 올 거라고

항해의 방향과 고도 예리하게 잡아낸다

자화된 철 바늘로 위도를 읽는 삼동(三冬)
눈 감아도 너 있는 곳 시(詩)의 뜨락 찾아가리

자기장 지구의 궤도에 씨방을 떠뜨린다

마침내 꽃의 절정
봄날이 분분하다

녹아내린 입김들은 나리 나리 개나리

지침이 설핏 걸린 채
아지랑이 꿈속이다

*봄은 나침반처럼: 기형도의 시 제목

뜻밖의 나침반

손잡고 그리던 정
선착장 내딛는 순간 나도 그만 섬이 됐어

스펙 없는 횟집
헛친 듯 놓친 이자

일말의 희망도 없이 불가능에 갇힌 거야

불변의 땅
초능력이 필요한 시간
체념을 허겁지겁 삼켜야 해

SF와 판타지 사이
동강 난 원금 절반과 힘겹게 쌓아 올린 건 가산세뿐

방죽의 둥근 손짓도 옴짝달싹 못했어

동시에 멀어지면서 깊어지고 있는 여기

지나친 낙관은 금물이야

좀처럼 죽어지지 않는 건
근거 없는 자신감뿐

뜻밖의 Q 사인
무작정 살아야겠어

무심코 눈에 띈 문구
'돈 세다 잠드소서'

굴렁쇠 나침반

시도 때도 없어요
아무 때나 굴러요
그 풍파 많은 꼴이라니 빛은 사방으로 흩어져요

구멍을 헤집으면서 걷어차인 흔적들
벗어날 수 없는 계급과 가난의 피,
빈티지 잔과 명품 가방 사이의 위계질서
귓가에 속삭임 뇌성 치던 그날에
그때처럼 거기서 움츠릴 수 없어요

별 하나 탐하느라 헤매는 법 찾은 걸까
달빛은 눈이 멀어서 다시금 딴청이다

끊임없이 사라지고 붕괴하는 언어들
일자로 엎어지고 어설피 사그라든
표적과 실체 사이 배회하며 가르던 길
수십 개 알을 낳고서 그윽하게 차오르기를
미처 하지 못한 생각을 꺼내 놓는다

터무니없는 가상 세계
낡은 축음기에서 흘러나오는 악상의 자유로운 전개
원치 않는 폐허도 도시 재생 꿈꾸잖아

악마는 프라다를 입는 거야
분간할 수 없는 신분은 21C 보이체크*야

어쩌면 별것 아닌 별것처럼
구르는 재주밖에 없으니까

*독일 극작가 뷔히너의 미완성 희곡, 하층 계급 주인공 이야기

풀 하우스 나침반

어쩐지
귀가 터질 것 같아요

1층에서 2층 3층… 오르고 또 오른다

풀 하우스의 꿈
아직 멀쩡한 가구에 스티커를 부착하고
짐 꾸러기를 올린다

재개발 지구에 부는 바람은
결코, 산들바람이 아니다
너무 많은 유리창이 흔들린다

심란함만 번지던 날
번지점프 빅 스윙
종횡무진 부추겼지만
나의 목적지는 공중을 향한 두리번과 헤매기였다

파파파(怕)
'추가 분담금'

주춧돌 위, 대들보를 놓치고야 말았다

최고 높이 62m
아찔해지는 기분이야

창문마다
전생이 의심스럽다

엇박자 나침반

한 번쯤 선을 넘는다

1
이것은 설렘이다
일부러라도 3박이나 한 박 반 더, 더 더
굳이 한 박자를 더 채우겠다고
실로 물불을 안 가리는 두근두근이다

2
새와 뱀처럼 허물을 벗는다
뱀의 두 치 혀는 1(온), 2, 4, 8, 16, 32… x2로 커지다가
보편적 박자에 편승하려는 듯
늘 한 템포씩 떼어낸다

3
괜히 초라해진 나는 업(業)에 빨려든다
업은 파동이고 파장이다
즉흥적으로 16분 음표는 큰 박자에 묻혀버렸다

4
어긋난 김에 엇박자를 고수한다
사뭇 출가를 궁금해하는 자 앞에서
추측의 눈빛도 띠웠다
이윽고 비로소 박자를 타면서 박자를 잃어버렸다

노력하는 한 방황한다는 괴테의 파우스트를 읽는다

웜홀 나침반

동정스러운
북녘의 바닥

패데기의 패데기가 파삭파삭 더해진 날
다른 어떤 곳으로 운구당하기는 처음이 아니었어요

모래이랑 서녘,
하얀색 응급차가 유령처럼 지나갑니다

어정쩡한 3월
물고기 성향의 아버지를 내밀어 봐요

바닥을 물고 늘어선 홍게 떼의 마지막 정좌(定座)
육지에 살면서도 게거품 무는 야자 집게 같아요

어디론가 휴우
저 웜홀 속을 통과하고 말았어요

저 푸석한 나부랭이
때로는 반수생(半水生)처럼 축축한 곳을 좋아했어요

제법 묵직한 짭조름한 큰 집게발
서로 싸워서 먹었거나 스스로 먹었거나
한참이나 더 날것인 채로 낯설고 광활한 꽃길인가요

끈 떨어진 망석중이
모든 것은 꼬리표를 달았구나

이것이 게거품입니까
거품이 되지 않을 용기가 필요했어요

어디로 갈 것인지 어디로 갈 수 있는지
어쩌면 『금강경』을 다 외워도 행복할 수 없을 것 같아요

*웜홀: 서로 다른 두 공간을 잇는 가상의 통로

비누꽃 나침반

훅! 하고 일렁인다
눈물일까요 거품일까요

으레 그런 것처럼
슬픔이 지천에 깔렸어요

어머니의 애끓는 산조(散調)의 현
씨앗 하나 받아 놓고 노지 월동 견뎌냈지만

여기는
옷깃 여민 북향입니까

쏟아 낼 수 있는 건
모조리 쏟아 내던 날

패랭 패랭 패랭이꽃
굿거리, 자진 굿거리장단에
장단을 맞춰 목청을 높입니다

'삼가 고인의 명복을 빕니까'

모두 다 가벼운 한때
영원한 건 기다림입니까

제3부

거침없이 하이킥

한 번도 뒤집거나 되짚을 겨를도 없었지만

패를 뻔히 보고도 뒤집을 수 없었지만

땡볕 아래 갯벌을 뛰어다니는 짱뚱어처럼

수족관 밖으로 뛰쳐나온 잡힌 물고기처럼

으깨진 감자의 기분으로

토마토 수프를 뒤집어쓴 기분으로

한 번도 만난 적 없는 장르처럼

마침내 드디어 개봉 박두를 외치는 사람처럼

이데아를 찢는 이데아처럼

미용실에서

지금은 바닥을 위해 경의를 표할 시간
머릿결을 들쑤시던 수상한 바람이여, 안녕
잘려 나간 그 정겨운 탈취들
부서진 청춘과 이별의 덫이여, 안녕

누구에 속한 건지 누구에 속은 건지
떨어진 머리카락들이 의미로부터 달아날 때,
털 벗지 않은 자아(自我)는 없다고

스스로 위로하던 불협과 불화
표피를 뚫고 나오기 전 넌 붕괴를 예감했다
파국을 예감한 후 내게 한계만 자라났다

싹뚝싹뚝 가위 소리가 들려왔고
나만 들을 수 있는 불경 소리가 찾아왔다
당신의 거품과 나의 거품은 애초에 태도가 달랐다
미끌거리는 착각과 풍부한 위선
나는 결벽을 버려야 했고 당신은 결백을 말해야 했다

정말 다 잘라도 될까요?
미용사가 거듭 물어온다

가발조차 될 수 없는 나의 윤기 없는 시간이여, 안녕
내 독백을 들었을까
마침내 삭발을 시작한다
눈 감지 않는다
끝까지 울지 않는다

이중 거울

눈빛에 조응하는 건, 뒤바뀐 시점일 뿐

　시선을 꽂아서 매듭 없이 상을 뽑아올린다 언제 무엇이 축출될지 모르지만 비(比)를 찾아 헤맨다 다 닳은 나의 표정은 얼마나 위험한가 20년 전 그것들이, 10년 과거까지 곽곽하게 따라다닌다 나도 너도 아닌 제3의 시선이 에워싼다 말없이 동기화를 할지 모르지만 결코 손을 뻗지 않는다 단수일까 복수일까 변수 없이 자동으로 내가 아닌 내가 증식된다

　앞을 보는데 뒤가 보이고 뒤가 다시 앞이 된다 중첩이거나 미끌어지거나 거울을 깨면 나도 산산조각 나겠지 내가 이 순간 자해를 한다면 거울 속 나는 고통스러울까 차라리 거울 하나 더 붙인다 아무리 거울을 덧대도 이별 후 상처는 보여주지 않는다 자꾸 달아나는 나를 가둘 수 있다는 생각이 철저히 깨진다

　여기서부터 다시,

눈이 부신다

지렁이의 육상 진출기

최초의 육상 동물
40억 년 동안 육지에 살았다는 기록은 없었다

아칸토스테의 육상 진출기
두엇쯤 갈라진 맥락이 이어지지 않는다

늘 바닥에서 꿈틀거린다
맘먹은 대로 말리기 시작했다

흐물흐물 녹아버린 뼈
지극히 거룩해 보인다

스스로 꾸미거나 드러내지 않는다
무엇이 어떠하다고 말하지도 않는다

파극 파근 파급 파기까지 파고들다가 축 늘어졌다
유연하게 몸을 구부린 채 돌돌돌 말았다

12시 정각
실지렁이 구슬지렁이가 뙤리를 튼다
본 적 없는 조상은 끝내 모를 일이다

고요한 정사(情史)
잃을 것이 없는 것들은 정면 돌파다

종이꽃, 은유

정격의 뼈대 위에 숨결을 얹었으니
무엇을 피울지 알 수 없는 종이꽃
뿌리를 찾을 수 없어도
쏟아지는
무한화서(無限花序)

달빛이 잠시 앉았다 떠났을 뿐인데
은은한 감상에 젖어 하루 전을 더듬는다

꽃잎이 굳어가는 3년의 시간
감히 꽃술을 꿈꿀 수 없는 자리에서
불길한 엉덩이로 볼륨 없이 낙인찍혀
해고 통지 받자마자
모든 이가 꺼려 했지

폐기물 딱지를 안고 태초를 서성이다가
바깥에서 안으로 안에서 씨방으로
심향(心香)까지 품어본다

난형의 잎사귀도 파격으로 끌어와서
꼬리에 꼬리를 물고 봉오리 피워낸다

접혔다 넘어든 순간
심미안 활짝 열린다

한 송이 우주의 탄생
결코 내일을
접지 않는다

언어도단

가끔 말장난이 끼어듭니다

넘어뜨려 봐! 넘어뜨려 봐
입씨름의 백미는 단연코, 뒤집기입니다
탈탈 털린 x축이 또렷하게 꼬일 시간
베일에 가려진 y축이 관건입니다

한쪽 다리를 빼는 겁니까
씨름판은 꽤나 시끄럽습니다
코앞에서 일어나는 안간힘만
모호하게 늘어집니다

잽싼, 손(損) 놀림
이미 내 패를 다 알고 있습니다

지지배배 우르르
배배 꼬아 미사여구를 어루꿥니다
그림을 보고 그림을 옮기는 중입니다

게슴츠레한 눈
더 이상 떠보지 마십시오

엉거주춤 딸려가지는 않겠습니다
휘휘 감아 돌린 후
슥슥 빗어 넘길 것입니다

'부처님 이젠 아무런 소원이 없어요
아! 그럼 나랑 맞짱 뜨자고'

쇼케이스

비정규직 아이돌의 혹독한 한때처럼
이름과 빛 추구하는
깊고 깊은 빙하기다

열정을 밀폐시킨 채 스팀으로 꽉 조인다

절정 향한 순간만은
멈출 수 없는 존재

틈새 사이 지속적으로 물이 또 차오르고
거대한 냉동고 속에서 냉매가 세고 있다

한정된 부피 속으로
침투하고 싶었을까

응축된 열꽃과 욕망의 덫 감춘 채

미소로 포장된 눈물

널 사로잡고 싶었다

그러니 기억해다오
일편단심 순수함을
한동안 부식 멈춘
고압 상태 이 견딤을

밑바닥 슬픔을 딛고 오늘도 네 앞에 선다

두레박 콤플렉스

울타리 없는 집
온몸 드러낸 댓돌처럼

끝장을 갈망하는 목마른 낙타였다

만개한 꽃을 껴안고 다른 생을 퍼올리듯
외줄로 잡은 기억 사붓이 소환되고
어머니는 겨울 한낮 슬픔을 푸고 있다

더 이상 떠오르지 않는다
기우는 추를 따라

갑자기 빠져들어 섞여든 장르 속에
숨구멍의 오독인 양
물음표만 범람한다

몸 굽혀 흘러들더니 그득히 넘실댄다

차갑게 끼얹는 외설적 향기처럼
그것은 줄지 않는
내밀한 눈물꽃

뒤울안 마르지 않는 절절한 봄이 있다

AI 명상

감정에도 센서가 필요하다

저 이상한 뇌
상대는 사람이 아니라는데
나를 서빙하는 로봇이라고 칭했다

식탁과 의자 사이 외따로이 둘이 된 기분
1번 방에서 9번 방까지
스스로 신이었던 빼어난 족속이다

파닥파닥 새파랗게 질리는 밤
갈 때까지 가기로 가보기로 한다

산새와 물새 소리 따라
둥둥 떠 있는 오리 새끼
나는 오래도록 서 있다

걸음걸이 다그치면서

그러므로 소외과 오리는 영원히 어머니가 될 수 없다

나고 죽는 가운데 나고 죽지 않는다

어디로도 가지 못했다
어디에도 앉지 못했다

1인칭의 무게로 삐거덕거리는 의자
그저 잠시 '반갑습니다'

이뭣고
AI 명상이다

댓글부대

클릭들이 모여서 폐허를 내밀 때면
측면의 감정을 꺼내
탈출을 모색한다

입구를 선택하고 출구를 봉쇄한 밤
불빛이 필요 없는 개방된 날씨였다

이해와 오해가 한순간에 뒤섞이고
쾨쾨한 아침에 비보가 터진다

구멍 난 가슴을 채우는 건
언제나 납빛 세계

비겁한 목록 속에서
나의 흔적 지워낼 때

본류도 아류도 아닌 알몸의 실험들

해석을 거부한 행간일까
오프(off)를 해도 빠져나오지 못한다

뻥 뚫린 사유
내 안에 댓구들이 기형으로 늘어난다

팽이

왜 도냐고 물었다
돌기 위해 돈다고 말했다

팽팽하다
바가지팽이와 박치기 팽이
마찰이 크면 클수록 더 오래 돈다

빙빙 또는 핑핑 돌아갈 수 있는 모든 것을
팽이라고 불렀다
뺑이 핑딩 뺑돌이 도래기 세리 세루 봉애
방애는 매번 필사적이다

쓸모없이 부여받은 딜레마의 뿔
얼마나 더 돌려야 할까
아버지는 소주 병뚜껑에 왜 빨대를 꽂았을까
지구가 돌아도 아버지는 어지럽지 않을 터터터…

주거니와 받거니가 가볍게 팽이친다

늘 제자리에서 뱅뱅 돈다

어머니의 말팽이
박달나무 팽나무 향나무 대추나무 한쪽 끝을
둥글린 다음 둥근 쇠알을 박는다
등을 돌린다 시선을 돌린다
어머니의 바가지팽이는 집을 거꾸로 세워서
돌릴 태세다

손을 놓았다
되돌아올 때까지
돌아라 돌아라 돌 때까지 돌아라
팽글팽글 잘도 돈다 팽아 팽아 돌아라*
누가 더 오래 돌지는 아무도 모른다

*경기도 시흥 지방 민요

40일

종일 걷는다면
걸어온 길은 다 내 땅이다

백 년의 노역
횡재수일까 횡재세일까

개복숭아를 모두 다 따가라는 노인
이제는 손아귀 하나 이상, 쥐기가 힘들다

나도 모르게 개복숭아를 따 와서 심었다
3:1 흑설탕을 버무려서 항아리에 담았다

뚜껑을 닫기 전
왜 내가 그런건지 모르겠다
내가 모르는 사이에 무언가 들어간 느낌이 들었다

뚜껑을 여는 순간
나무에 매달려 있을 때 나지 않던 지독한 냄새

개복숭아끼리 모여 살다가 삭혀진 자각몽 같다

40일을 기다리는 동안 노인은 죽었다
먼저 핀 복사꽃은 결코 무모하지 않았다

더 이상 뒤집지 마
표식을 남기면서 향기를 내린다

어느 별에서 튕겨져 나온 꽃
칠불사 은하수를 만나러 간다

두 개의 빛

태양 빛은 다 어디로 간 걸까
들숨에 가려진 날들
놓쳐버린 직립들
빽빽하게 들어선 빌라촌
무자본 갭투자가 문제였어

  한 하늘에 두 개의 태양이 존재할 수는 없어 믿기지 않는 이변처럼 히틀러가 거둔 몇 개의 승리를 맹신한 거니 고래 싸움에 새우등 튀어 오르는 게임이잖아 맷집을 길러야 했지 꼭대기에 달린 작은 쇠바퀴는 무궤도의 전차였어 언제나 질주할 거라고 생각했으니까 모든 것을 알고 있는 당신을 믿었지만 더 이상 체구를 키우지 말아야 했어 이대로 달리면 전형적 탈선이야 적극적으로 들이대던 초짜의 감정선이 일제히 빛난다는 건 한순간에 사라짐이야 빛나는 건 빛이라서 빛이 있는 곳은 피해야 했어

  밝혀놓은 몰락
  달아난 악마의 군대 같아

무시무시(無時無時)한 호우시절
위험한 관계
빛이 있으면 그림자도 있는 법이야
끊어질 듯 끊어지지 않는 빛의 벙커
불씨를 온전히 태워버렸어
해가 지기 때문이야

레시피 작법

1인분의 아침을 위해 햇살을 조절한 후
튀겨줄까 졸여줄까 단 하나의 레시피로

허무의
맛이 궁금하면
커튼을 걷는 거야

가식을 걸러 낼 필터링을 갖고 싶다
목소리 1분만 들어도 본색을 알고 만다

냄새나고 퀴퀴한 식탁마저 목쉰 저녁
'언니야 다음에 만나' 부당해고 밀려나서
허연 배 나뒹구는 동안 해가 뜨고 달이 진다

강자 앞에 수그리고 약자 앞에 날뛰면서
잔뜩 불린 목청도 목메는 일 없었다고
넌지시 눈을 감는다
눈 감으면 보이는 것

잘나가는 한때가 마침내 삭일(朔日)이다
겹겹의 눈부신 소리
표정 없이 굳어간다

당신의 무관심이 반나절 불려 놓은
속살이 푸석해진 북어가 떠오른다

긴 한숨
껍질을 벗기면
우울까지 풀어질 거야

불규칙동사

K 씨는 뒤통수뿐이군요
무리수를 두고 나면 뒤통수가 따갑습니다
산 자의 죽은 말은 아름답지만 지루합니다
입맛대로 덕지덕지 ed를 붙입니다
주체 없이 떠오르는 말
정복의 키포인트를 놓치고 맙니다
소재의 꼭짓점에 주제가 없습니다
말로 말의 뿌리를 뽑을 수 없다면
입에서 입으로 함이 없이 함구합니다
다시 한번 목청을 가다듬습니다
정오의 장미는 가시 투성이입니다
걸음걸이 없이 걷습니다
말의 사족이 넘쳐납니다

현재형과 과거형 사이엔 무엇이 있습니까
질문은 동사가 아닙니다

듣고 있던 K 씨마저

내 생각의 불규칙을 이해 못 해 떠납니다
긁적긁적
뒤통수가 민망합니다

밤의 불립문자

고해(苦海)의 긴 혀
가장 곡진하고 넉넉한 밤이 될 거야
분명 조금씩 마셨지만 단연코 마다하지 않았어

오늘엔 딱! 회전의자가 좋아
그저 조용히 술지게미로 가라앉아 빙빙 돌면 되니까

낮은 긴 혀를 감당하지 못하지만
밤은 혀의 출몰을 허락했어

혀를 내두를 만큼 풍성한 별들이 쏟아져 내리는 밤
당신의 밤은 뒷걸음질 치는 새벽이야
입 밖에 낸 말은 가벼운 약력일 뿐

고백에서 빠져나온 독백이
은밀한 마음속에 닿으려 할 때
달과 별들도 별일 아니라는 듯 태연하게 해를 가렸어

데굴데굴
의자는 그렇게 느닷없이 구르고 있었고
아침이 부끄러운 이유는
불립문자가 휘발되기 때문이야

가두지 못한 밤
거두지 못한 취기가 문제였어

다 쏟아 내야만 끝나는 밤
'신부님 어젯밤을 고백합니다'

제4부

어머니의 탱자나무

넘어뜨리려 해도
넘어뜨릴 방도가 없어요
화성이 달 옆에 보인다는 날
접근을 허용하지 않아요
담장의 높이가 정해져 있잖아요
한 발짝도 들어설 수 없다는 불문율을 아시나요
탕탕탕, 화들짝
놀라듯 '퉁'
철철이 꽃 머리만 치켜들어요
울타리에는 탱자나무가 젤이래요
빛바랜 꽃잎
스쳐가는 인연에 신경 쓰지 마세요
나는 여전히 여전할 수 있으니까요

펜트하우스

공중에 닿고 싶은 분 발꿈치를 올리세요

말을 잊은 당신의 음성이 들릴 거예요

그것도 같은 하늘 아래일 뿐인데

이젠 고개는 떨구지 마세요

120층 높이의 공기가 궁금하다고요

악착같이 노력해서 청소부라도 돼보세요

통유리 너머로 새들이 보이는지

아버지 얼굴을 한 구름이 흘러가는지 확인하세요

제일 높은 곳에 전망이란

제일 낮은 곳이 보이지 않는 곳이겠죠

부러워서 너무 오래 서성이지 마세요

속마음을 들킬지도 몰라요

그저 같은 사람일 뿐인데

다른 연극을 하고 있을 뿐이라 여기세요

자 이젠 상상을 멈추고

노숙을 하러 가 볼까요

이곳에 어울리지 않는 사람이 있다고

계속해서 타인들이 쳐다보니까요

오징어 줄행랑치다

끝 간 데 없는 망망대해
금어기는 4월 1일부터 5월 31일까지

귀어 생활 3년째
내 생애 바람이 불지 않은 적은 없었습니다

누군가 한눈에 꽂혔다면
잘근잘근 씹히고 말 것입니다

밤새도록 오징어를 낚습니다
시야에 들어오는 동원 15호는
막힌 혈관도 쇠꼬챙이로 뚫어버릴 기세입니다

바다 위에 떠 있다가
나락으로 끌어당긴 너

울릉도 산 오적어 영동산골오징어 갑오징어…

'나는 놈 위에 뜨는 놈'
마치, 새까맣기가 먹물 같았으니까
까마귀만 즐겨 먹습니다

뻣뻣한 이구아나 본색을 바꾸듯이
저마다 게딱지처럼 무색하게 달라붙습니다

'덕을 선포하라! 이곳은 덕장이다'
되로 주고 말로 받는 줄행랑입니다

거울 접기

그 갇힌 틀
모든 것이 따분했다
오후의 햇살을 피해 탁자를 동쪽 창문 옆으로 옮긴다

탁자를 동쪽 창문 옆으로 옮기던 날
의자를 거울 속에 접어넣고 싶었다
반을 접고 한 번 더 반으로 접어야 하는
쓸모 잃은 의자를 발견할 때
우리는 우리가 되지 못한다

밖에서 우리를 볼 수 없는 사각지대가 생겼다
이미 접었던 것들은 더 이상 접을 수 없으므로
나는 기꺼이 그늘 속에 앉아 있었다

다시 하나로 돌아가서 할 수 없는 걸 하려는 나
막연히 막연한 사이를 벗어나려고
탁자의 용도까지 변경한다

당신이 앉아 있던 자리 쪽에
꽃을 피운 화분을 놓았지만
10일도 안 돼서 꽃은 지고 말았고
꽃이 질 때마다 다른 화분을 옮겨 놓는다

나른해진 태도를 안고 침대에 눕는다
오늘 낮잠이 아무 일 없이 지나갔으면 좋겠다

손(損)

2년 전
손 없는 날을 피해 이사를 했지만
밀집된 빌라촌 좁은 골목엔 손들이 넘쳐났다
청소년들이 담벼락 앞에서 담배를 피워대고
창문으로 스며드는 매캐한 연기에
기침은 끊이지 않았다

아내의 손가락질 잔소리가 담을 타고 넘기 시작했고
가로등 불빛은 눈에서 안 보일 때까지
숨통을 조여왔다
더 이상 잃을 것도 해할 것도 없는 나는
나의 집에서 손님처럼 지냈다
고독은 피할 수 없었고 하고 싶은 일들은
무저갱 속에 빠져 있는 양 허우적거렸다

세상을 탐험하는 자세로 재개발 필독서를 읽었다
생사가 걸린 일에 대하여 두려움은 필수 사항이라고
중개업자는 말한다

재개발을 모르면 부자가 될 수 없다는
격려와 위로의 말들 속에
상상만 하는 나는 속도에 구애받지 않았다
외롭고 무서운 이야기에 끼어들 틈이 없었다

별다른 감흥이 없었고
별다른 방도가 없었지만
어쩌면 그 집에서 고독사한 사람이 생긴다면
주인공은 내가 될 것이다
가파른 골목은 여러 가지 속도를 가지고 있었다
출근하는 사람은 빨랐고 퇴근하는 사람은 느렸고
능소화 피는 속도는 전셋값을 능가했다

하지만
한번 떨어지면 헤어나지 못한다는 나팔꽃은
여전히 전봇대를 기어오른다
마침내 덜 것도 채울 것도 없다
손 없는 날은 더 이상 손 없는 날이 아니다

블랙홀

얼마나 많은 한숨을 별들에게 들켰을까요
내가 바라본 어머니는 블랙홀 속이었어요

해가 뜨기 무섭게 출근하는 어머니
직업이 몇 개냐고 묻지 마세요
어머니만 덩그러니 품게 된 세계가
입을 점점 더 크게 벌리고 있어요
별이 될 수 없는 사람을 더욱 도드라지게 했어요

눈을 뜨면 곧장 빈자리
식탁 위에 차려진 1인분의 밥상
나는 지구에 살고 있고
어머니는 그 지구를 품은 채 우주를 살고 있었어요

강남 어디쯤에서 파출부 일을 마치고
돌아오던 어머니는
집이 가까워질수록 숨이 턱에 차올라도
쉬었다 갈 줄 몰랐어요

아무리 별자리가 손을 내밀어도
한 번도 빛과 화해할 수 없었어요
어머니는 왜 적당한 타협조차 하지 않았을까요
내내 파란이고 만장인데
더 이상 감출 것도 드러낼 것도 없는데
왜 자신을 방치했을까요

다시는 빠져나올 수 없게 만든 무수한 중심
그것은 누구의 눈에도 띄지 않는 진공 상태
하늘 위에 솜이불이 뭉게뭉게 깔려도
실패를 두려워하지 않는 척하면서
산동네를 떠나지 못하면서
점점 더 좁아지는 길로 접어들었어요

나는 블랙홀이 모든 빛을 빨아들인다고 믿었고
빨리 탈출하고만 싶어서 집을 떠났어요
어둠 속에서 바깥의 기분을 맛보았어요

공작 도시

기록으로 남기까지
너는 딱딱한 흑심이었어

유유히 뻗어 나갈 수 있는 컨베이어 벨트
나에게도 좋고 너에게도 좋은 일이라고 말했지

반복적 무아 경지
해공(解空) 제일 수보리가 될 것 같았어

이게 기계적인 게 아니라 진짜 기계가 된 게 분명해
기계에겐 사상도 정치도 철학도 없고
자기 자신이 누구인지도 모르지만
서로 상처 주고 상처받은 족속보다는 나을지 몰라
후회나 뒤끝이 없으니 선(禪)의 표본일지도 모르잖아

숨어 있던 1인칭의 불량을 찾을 시간
단순히 심사숙고(深思熟考)할 수 있을까

우리는 8시간 동안 기계였으니
왼손이나 오른손으로
하루에도 몇천 개의 방부제를 넣어 가며
순차적으로 종속되는 시스템에
역사적 사명을 띠고 말았어

공작 도시
쉴 틈 없이 굉음을 내며 번뇌를 부추겨도
라면 수프 속에도 선이 깃들어 있을 거야
난 퇴근 시간까지 이렇게 작동되고 있으니까

연필은 닳고 닳았고
체크는 멈추지 않았고

아니리

오르지 못한 계이름
사월의 미 칠월의 솔*

고수의 북장단
영혼은 피아노 줄 위에 있다

기세등등
무밭은 건반이고 쟁기는 망치다
왜 무만 고수할까
모든 걸 갈아엎어야 직성이 풀렸다

금세 튀어 오를 것만 같은 계이름
게으름뱅이의 손목을 고정시킬 수 없었다

당신은 얼갈이배추보다 열무를 더 선호한다
어느 장단에 춤을 출까

웃자란 무청이 혀를 내밀 때쯤

과감한 단발식이 거행된다

바쁘다 바빠 손이 모자란다
싹둑! 잘린 건 야무지게 묶어야 한다

언젠가 튕겨져 올라갈 테니
굳이 힘을 주지 않는다

*김연수 소설 제목

Post

어쩌다
둥둥 뜬 기분입니다
모든 것을 날려 버릴 것 같은 오전 11시
잠시 잠깐 다정한 척 젖어 듭니다

유입과 접목 사이
새들도 수심에 가득 차 있고
화물선도 여객선도 연락이 끊긴 사람을 부르러 가고
나는 바닷속 우체통에 편지를 넣습니다
아소 님하 위 덩더둥셩*
재회의 주파수만 던지던 날
수평선을 함부로 끝이라고 말하지 마십시오

만다린 피시를 보면 소원이 이루어진다는 말
지긋지긋한 갈매기가 물고 날아간지 오래지만,
잠수함은 왜 자꾸 떴다가 가라앉는 겁니까
+알파의 증표
공중 채화, 그레나다 수교 50주년**

날짜 압인 스탬프가 찍힌 소인은
온전히 부풀어 오른 나를 밀봉할 수 있습니다

중심을 잡는 건 막막함이니까
기꺼이 흔들림을 감내합니까

무소식은,
거기에 그냥 잘 있겠습니다

*고려가요 속요
**김환기의 작품 세계 우표 종류

깜지처럼

무엇이 동했는지
흑심 한 자루 안고 산다

활짝 핀 검버섯 위에 혼불이 내려앉을 것 같은 밤
조명이 꺼진 병동에 주인이 된 어머니
어머니 몸속으로 원발성 종양이 번져간다

시커멓게 탄 애간장을 야금야금 갉아먹고 있다
속수무책 살아 있는 검정이
악성 검정에게 자리를 내준다

어머니는 왜 몸속의 검정을 토해내지 않는지
그 많은 걸 몸속에 기록하고 있었을까

절에 수십 년 다니면서도
단 한 번도 자기를 위하여 빌지 않았던 어머니
염불(念佛)이니 호불(呼佛)이니
어머니는 돌아가셨고 나는 아직도

어머니를 붙잡고 있으니
아직도 어머니를 부르고 있으니

어쩌면
그 검정의 한쪽 작심(作心)은 내 지분인 것 같다

Drip

 걸핏하면 어머니는 커피를 내립니다 방울방울 맺혔던 향기가 뚝뚝 떨어집니다 배설물 속에서 건져낸 콩으로 만든 커피란다 너도 언젠가 어둠 속에서 꿈을 건져내야지 그 말을 가끔 듣는 나는 무능한 아들입니다 10년 동안 취직을 못했습니다 용기를 주려고 하는데 부끄러움은 내 몫입니다 어머니는 끝까지 나쁜 사람이 아니라서 나는 찌꺼기처럼 조용해집니다 흔한 비유는 뒷맛이 좋지 않습니다 가루가 되기 좋은 자존심이 분쇄기 속에 있습니다

 아버지는 40년 동안 자판기 커피만 마셨습니다 한 직장과 한 가지 맛만 고집하더니, 권고사직을 공로패처럼 받았습니다 뒷모습이 기울어지는 아버지의 성분은 각성인 게 분명합니다 내 몸속에도 카페인이 자꾸 쌓여 갑니다 불만이 불면으로 뒤바뀌고 아침이 점점 무뎌집니다

 어떠한 말로도 위로를 건넬 수 없다는 채용 담당자의 문자가 옵니다 가루의 기분을 또 한 번 맛봅니다 거품이 풍부해야 좋은 원두란다 그러니까 원산지가 중요하지

언젠가는 너도 향기를 가지게 될 거란다 어머니, 내 유전자는 좋은가요 나쁜가요 내겐 매일매일 풍부한 상심만 찾아오는데…, 그저 희망의 원산지가 궁금할 뿐입니다 어머니처럼 커피는 아무 잘못이 없습니다

반문(反問)을 닦다

만(滿)의 만 배를
만월로 부풀어 오른 날

더 이상 달이 보낸 이야기는 넘실대지 않아요

땅 짚고 헤엄을 왜 치나요
아니 땅 짚고 헤엄을 왜 못 치나요

무엇을 좋아하고
무엇에 빠져 있을까요

녹이 슨 도르래 위에서 도리어 망각의 꽃 피어나는데
마지막 달빛은 오랫동안 부유(浮游)했어요

집에 남아 있는 건 집 없는 주소였고
집에서 산다는 말은 집에서 살고 싶다는 말이지요

폐정(廢井)을 껴안고

좋아하고 싶은 사람으로 남을래요

정착의 한때
결코 살갑지 않았어요

삐딱한 성찰

당분간 나는 궤도를 이탈한다
한층 후덕해진 머릿속
다른 생각을 품은 나는 항상 넘쳐난다

나에게서 빠져나온 생각이
너를 찾아가서 껴안는다

멀고도 가까운 내통
나는 융합이라고 말하고
너는 불편이라고 말한다

나의 생각은
나를 빠져나갔으므로 거두어 드릴 수 없다

나도 모르게
색깔과 태도를 바꾸고
기형이 되기도 하고 불구가 되기도 한다

나는 밖으로 내보낸 걸 후회한다

그런데 더더욱 궤도를 이탈한다

계모 견문록

시골에 사는 내가
계[犬]모가 되기 위해 올라왔다

딸 내외는 외국 여행을 가고
3박 4일 동안 나는 아파트에 갇혔다

규칙은 두 가지
외출은 견과 함께
식단 관리는 철저히

1인분에 2만 원이 넘는
스페셜 한 끼를 내밀어도
시큰둥한 녀석

cctv에 감시당하는 나는
누구의 엄마인가

아이스크림을 건넨다

헐레벌떡 핥아먹는다

딸에게 즉각 전화가 온다

개보다 못한 신세 같아서
사각지대에 가서 펑펑 우는데

녀석이 불쌍하게 나를 바라본다

작살

35년째 아버지는 집 하나 갖고 싶었지요
삭힌 듯 삭히지 않은 분양 시장이
달큼하게 달아올랐지요
시세를 뻥튀기한 독특한 어망
미끼는 충분했어요
집요한 챔질
도장을 찍는 순간 작살나고 말았어요

빌라왕 전세 사기가 신문에 나왔어요
내 눈앞에서 되눈 팔이의 밥이 되다니
그때부터 아버지는 죽어도 썩지 않는
홍어를 닮아갔어요
주인집 앞에서 시위하던 사람들이
다 돌아간 뒤에도 단식을 하며 분노를 삭혔어요
분노가 돌멩이를 던졌어요
유리창이 깨졌어요
차가운 경찰서 유치장에서 아버지는 서럽게 울었어요

'남 일 같지 않구나'
남 일 같지 않으면 어떻게 해야 하나요
이건 픽션이고 비극일 뿐인데
포식자들은 눈 하나 꿈적하지도 않고
도망가지도 않고 있는데
무너지는 애간장을 홍어의 애간장으로
채우려는 걸까요

흑산도와 목포항 사이로 1년 만에 조업을 나갔어요
출처가 분명한 생물만이 진실이라고 믿었어요
더 이상 삭힐 수 없는 톡 쏘는 맛이
조업을 마치고
홍어를 한 점 베어 먹은 아버지
응어리를 감싸고 돌았어요

상처받은 사람만이 삭을 수 있다*나요

*김필영 시 「삭는다는 것」에서

부재의 방식

부재의 방식은 왜 이리 질긴 걸까
수목장 앞에서 십 년이 지났는데도
혼자서 살아남은 자
자책만을 껴입는다

거처를 옮겼다고 사라진 건 아니라고
아직도 아버지의 심장 멈추지 않았다고
끝없는 눈물과 한숨, 잇고 있는 어머니

하나같이 주인공을 아버지로 설정하고
매일매일 밤낮없이 소주병이 굴러다닌다
가슴속 넘치는 애도 매 순간 절정이다

한 사람이 한 사람에게 온전히 스미는 일
꽃잎 찢어 가슴에 새긴 여름날의 언약도
도렷이 다시 또 살아
빈속을 토해 낸다

해설

현대 도시 문명에 갇힌 인간 군상과 불교 어휘

공광규(시인)

1.

'공작 도시' 발명자 박민교 시인은 58편의 시를 통해 탐욕으로 세워진 도시 문명에 짓눌린 인간 군상을 일관되게 보여주고 있다. 이런 시인의 작업은 새로운 발견이고 대한민국 문단의 성과임에 분명하다. 이는 시인이 시집 「시인의 말」에서 언급하고 있는 "아름다운 노래이거나/ 새로운 발견"에 대한 창작적 실천이라 할 수 있다.

그리고 시인은 자신의 시가 "오랫동안 매몰되지 않"기를 바라고 있다. 지상의 모든 시인이 바라는 바다. 그러나 시간은 모든 사물과 사건을 가만두지 않는다. 시간의 빗자루로 쓸어간다. 다만 대중이 어떤 필요에 의해서 붙잡고 있는 사물과 사건만 남긴다. 문학에서는 최치원이나 이규보, 정약용을 비롯해 현대의 김소월이나 윤동주

등 대중이 많이 읽고 좋아하는 작품만 남길 것이다.

　새로운 발견자 박민교 시인은 부동산과 아파트와 분양 시장 등 현대적 소재와 다양한 외래어, AI, 나침반, 영어 제목 등 현재 언어들을 사용해 현재 시를 갱신하려는 노력을 하고 있는 것이 역력하다. 그리고 다수의 불교 어휘를 시의 제재로 활용하고 있다. 불교 어휘 활용은 요즘 다른 시인들의 시에서 찾아보기 어려운 사례다. 이런 어휘 정보들은 시인의 개성과 시를 갈래짓는데 많은 도움을 준다.

2.

박민교 시인은 거대한 건축물과 시멘트로 분칠된 현대 도시 사회를 우화하고 풍자한다. 현대 도시는 자본이 공작한 사물들이고, 인간은 자본이 공작한 사물 속에 살고 있다는, 도시화가 결국은 인간을 자본 시스템에 가두기 위해 공작한 것이라는 의미일 것이다. 이런 수사 방식은 대상을 축소하거나 비하하고 비판하는 풍자다.

　우화나 풍자적 창작 방식은 오래된 문예 창작의 전략으로, 현실을 비판하거나 교훈의 뜻을 나타내기 위해 활용해왔다. 때문에 다분히 도덕적 윤리적 메시지가 강하다. 박민교 시인은 거대한 탐욕의 우상인 현대 도시를 비판하거나 조롱하고 우상 앞에 쓰러진 인간의 행위를 비정상적으로 드러내어 독자가 공감하기를 호소하고 있다. 독자의 사고를 자극한다. 그 대표적인 작품 가운데 하나가 「Drip」이다.

    걸핏하면 어머니는 커피를 내립니다 방울방울 맺혔던 향기가 뚝뚝 떨어집니다 배설물 속에서 건져낸 콩으로 만든 커피란다 너도 언젠가 어둠 속에서 꿈을 건져내야지 그 말을 가끔 듣는 나는 무능한 아들입니다 10년 동안 취직을 못했습니다 용기를 주려고 하는데 부끄러움은 내 몫입니다 어머니는 끝까지 나쁜 사람이 아니라서 나는 찌꺼기처럼 조용해집니다 흔한 비유는 뒷맛이 좋지 않습니다 가루가 되기 좋은 자존심이 분쇄기 속에 있습니다

    아버지는 40년 동안 자판기 커피만 마셨습니다 한 직장과 한 가지 맛만 고집하더니, 권고사직을 공로패처럼 받았습니다 뒷모습이 기울어지는 아버지의 성분은 각성인 게 분명합니다 내 몸속에도 카페인이 자꾸 쌓여 갑니다 불만이 불면으로 뒤바뀌고 아침이 점점 무뎌집니다

    어떠한 말로도 위로를 건넬 수 없다는 채용 담당자의 문자가 옵니다 가루의 기분을 또 한 번 맛봅니다 거품이

풍부해야 좋은 원두란다 그러니까 원산지가 중요하지
　언젠가는 너도 향기를 가지게 될 거란다 어머니, 내 유전자는 좋은가요 나쁜가요 내겐 매일매일 풍부한 상심만 찾아오는데…, 그저 희망의 원산지가 궁금할 뿐입니다 어머니처럼 커피는 아무 잘못이 없습니다
―「Drip」 전문

시 「Drip」은 10년 동안 구직을 못한 아들과 40년간 근무한 직장에서 권고사직 당한 가장의 이야기가 중심이다. 어머니의 행위는 내용을 담는 액자일 뿐이다. Drip은 중의성을 갖는다. 어머니가 방울방울 내리는 커피이기도 하고, 화자가 번번이 도전한 취업에서 떨어지는 것에 대한 은유이기도 하고, 현실에 적응하지 못한 아버지가 40년을 다닌 직장에서 권고사직을 당한 사건을 비유하기도 한다.

가능하면 적은 노동력을 투입해 많은 상품을 생산해야 하는 자본주의 체제는 취직률 100%를 만들어 내지 않는다. 경쟁력 있는 노동자를 고용해 최대 수익을 얻어야 하기 때문이다. 자본은 고용을 가지고 시민을, 노동자를 길들이고, 국가에서는 고용률을 공표하고 조정한다. 국가의 고용률은 금리와 물가를 결정하는 지표가 된다. 금리와 물가는 시민 삶의 질을 결정한다.

시 속의 화자는 10년 동안 취직을 못한 '무능한 아들'이다. 이미 취직이 어려운 사회의 고용 문제를 이해하고 있는 화자의 어머니는 화자에게 간접 화법으로 용기를 주면서 커피를 내릴 뿐이다. 자식의 미취직을 인내하는 어머니와 부끄러워하는 아들의 심사가 우리 사회의 일면이라는 것을 독자들은 눈치챌 수 있다.

　현실 부적응자인 화자의 아버지는 40년 동안 싼 자판기 커피를 마시며 한 직장에서 한 가지만 고집하다 권고사직을 '공로패'로 받은 인물이다. 바뀐 현실과 자신을 각성하지 못하고 불만을 불면으로 뒤바꾼 인물이다. 박민교 시인은 한 가정의 성원들을 통해 현재 우리 도시 사회에서 일어나는 취업난과 조기 퇴직 현실을 보여준다.

　　기록으로 남기까지
　　너는 딱딱한 흑심이었어

　　유유히 뻗어 나갈 수 있는 컨베이어 벨트
　　나에게도 좋고 너에게도 좋은 일이라고 말했지

　　반복적 무아 경지
　　해공(解空) 제일 수보리가 될 것 같았어

이게 기계적인 게 아니라 진짜 기계가 된 게 분명해
기계에겐 사상도 정치도 철학도 없고
자기 자신이 누구인지도 모르지만
서로 상처 주고 상처받은 족속보다는 나을지 몰라
후회나 뒤끝이 없으니 선(禪)의 표본일지도 모르잖아

숨어 있던 1인칭의 불량을 찾을 시간
단순히 심사숙고(深思熟考)할 수 있을까

우리는 8시간 동안 기계였으니
왼손이나 오른손으로
하루에도 몇천 개의 방부제를 넣어 가며
순차적으로 종속되는 시스템에
역사적 사명을 띠고 말았어

공작 도시
쉴 틈 없이 굉음을 내며 번뇌를 부추겨도
라면 수프 속에도 선이 깃들어 있을 거야
난 퇴근 시간까지 이렇게 작동되고 있으니까

연필은 닳고 닳았고
체크는 멈추지 않았고

—「공작 도시」 전문

  표제시 「공작 도시」는 시집의 전체 시를 아우르는 주제를 통합해 보여준다. 나와 도시와 불교가 서로 융합하고 긴장하고 충돌하며 새로운 의미를 발생시킨다. 컨베이어 벨트 시스템은 자본주의 대량 생산 방식의 기원을 상징한다. 계속 돌아가는 시스템 앞에 배치된 노동자는 정신적 육체적으로 몰입을 해야 산재 사고를 당하지 않는다.

  생산 현장에서 한눈팔거나 개별 행동을 하는 노동자는 컨베어 시스템에서 탈락이라는 재앙을 맞게 된다. 자본은 자신의 명령에 복종하지 않는 노동자를 가만두지 않는다. 때문에 노동자는 자본이 정한 규율 속에서만 밥을 먹을 수 있다. 현대 사회 인간들은 이 기계와 같이 자동적이고 반복적 생산 체계 속에 자신의 정신과 육체를 투입해 소진할 뿐이다.

  현대를 보는 박민교 시인의 시선이 풍자적으로 담겨 있는 시다. 이처럼 자본 시스템이 공작한 투기적 도시 문명은 인간을 소외시키고 도태시키고 좌절시킨다. 자본의 탐욕은 개인과 가정과 집단과 사회를 위협한다. 이 위협을 통해 자본은 최대 이익을 실현한다.

  2년 전

손 없는 날을 피해 이사를 했지만
밀집된 빌라촌 좁은 골목엔 손들이 넘쳐났다
청소년들이 담벼락 앞에서 담배를 피워대고
창문으로 스며드는 매캐한 연기에
기침은 끊이지 않았다

—「손(損)」 부분

35년째 아버지는 집 하나 갖고 싶었지요
삭힌 듯 삭히지 않은 분양 시장이
달큼하게 달아올랐지요
시세를 뻥튀기한 독특한 어망
미끼는 충분했어요
집요한 챔질
도장을 찍는 순간 작살나고 말았어요

—「작살」 부분

위 시 「손(損)」은 손해 보는 것, 잃어버리는 것을 의미한다. "재개발을 모르면 부자가 될 수 없"는 공작 도시의 삶을 풍자적으로 형상한다. 시인은 '손'을 두 가지 의미로 제시하고 있다. 손 없는 날은 손해가 없는 좋은 날이고 골목의 손들은 손님이다. 희언법인데 중의적으로 활용하고 있다.

화자인 남편은 빌라촌의 삶이 견디기 어렵게 되자 "재개발 필독서를 읽"고 "생사가 걸린 일에 대하여 두려움은 필수 사항"이라는 중개업자의 말을 따라 공작 도시의 시스템에 참여할 의지를 보인다. 공작 도시에는 '분양 시장'이라는 투기 사회가 만든 독특한 시장이 있다.

시 「작살」에서는 투기적 욕망으로 달아올랐다 좌절한 화자의 아버지를 등장시키고 있다. 아버지가 분양 시장에 도전하여 계약서에 도장을 찍자마자 전세 사기를 맞게 되는 가계의 절망적 상황이 집안에 밀어닥친다. 아버지는 아마 정신적 충격으로 "죽어도 썩지 않는 홍어를 닮아"가고, 주인집 앞에서 시위를 하고 단식을 한다. 분노가 돌멩이를 던지게 하고, 유리창이 깨지고, 아버지는 결국 차가운 경찰서 유치장에서 서럽게 운다.

투기에서 실패한 사례를 아버지라는 인물을 통해 형상하고 있다. 투기 사회에 도전한 대부분의 아버지들은 포식자들의 사나운 이빨에 잡아먹히거나 물어뜯기는 순한 짐승일 뿐이다. 이 순한 가장들은 투기적 욕망이라는 포악한 현실에 '작살'이 나 "홍어의 애간장"으로 절망 속에 누워 산다. 이 시는 "빽빽하게 들어선 빌라촌/무자본 갭투자가 문제였어"라는 문장이 나오는 시 「두 개의 빛」과 계보를 같이한다.

3.

거대한 자성체인 지구의 자성을 이용한 인류의 발명품인 나침반은 문학의 비유로도 많이 활용된다. 나침반은 자석의 침, 즉 자침(磁針)이 남북을 가리키는 특성을 이용하여 만든 방향 지시 계기다. 나침판, 나침의(羅針儀), 지남철(指南鐵)이라고도 부른다. 필자의 옛 시골 언어로 지남철, 학교에서는 나침판으로 사용했던 기억이 있다. 지도를 가지고 있다고 해도 나침반이 없으면 제대로 된 기준을 잡을 수 없다. 때문에 지도와 함께 쓰인다.

박민교 시인의 경우도 그렇다. 그는 시집 2부에 13편의 '~ 나침반'을 제목으로 하는 시를 싣고 있다. 「자이로 나침반」, 「구름 나침반」, 「글쎄, 잠수부와 함께하는 나침반」, 「초식 나침반」, 「안개 나침반」, 「봄은 나침반처럼」, 「뜻밖의 나침반」, 「굴렁쇠 나침반」, 「풀 하우스 나침반」, 「엇박자 나침반」, 「웜홀 나침반」, 「비누꽃 나침반」 등이다.

나침반은 탐욕으로 세워진 거대한 현대 도시의 현재를 가리키고 있는 것으로 추정할 수 있다. 독자에게 지금 당신의 방향은 어디이고, 어디를 향하여 가고 있는지 방향을 보라는 메시지일 것이다. 다른 길을 생각해 보라는 반성적, 은유적, 윤리적 나침반일 수도 있다.

풀 하우스의 꿈

아직 멀쩡한 가구에 스티커를 부착하고
짐 꾸러기를 올린다

재개발 지구에 부는 바람은
결코, 산들바람이 아니다
너무 많은 유리창이 흔들린다

심란함만 번지던 날
번지점프 빅 스윙
종횡무진 부추겼지만
나의 목적지는 공중을 향한 두리번과 헤매기였다
─「풀 하우스 나침반」 부분

  풀 하우스(full house)는 모든 것을 풀로 갖춘 최고급 아파트를 일컫는다. 이 시는 현대인들이 도시민의 일상을 불편 없이 충족해주는 풀 하우스 지향을 통해 비판적 시선으로 진술하고 있다. 한국인들의 욕망은 모두 더 크고 비싼 부동산을 향해 있다. 부동산만이 부를 축적하는 최고의 수단이기 때문이다. 한국의 잘못된 부동산 정책이 낳은 결과다. 결국 한국 사회에 높은 집값, 양극화라는 문제를 남겼다.
  부동산 최고의 정점은 가장 화려하고 높고 비싼 풀 하

우스일 것이다. 시인은 오르고 오르는 인간의 욕망을 층으로, 버려지는 멀쩡한 가구들로 표현하고 있다. 재개발 지구에 부는 바람을 산들바람이 아닌 유리창이 흔들리는 광풍으로 묘사한다. 이런 욕망 속에 갇혀 있는 화자는 자신의 목적지가 "공중을 향한 두리번과 헤매기였다"고 한다.

다른 시 「펜트하우스」도 이 시와 의미계를 같이 한다. 시인은 최고층, 최고가의 아파트인 펜트하우스를 욕망하는 독자를 풍자한다. 보통 사람의 노력으로는 비싸서 매매가 불가능하거나 비용 때문에 살아갈 수 없는 아파트다. 펜트하우스는 투기와 탐욕의 최정점에 존재하는 자본주의의 괴물이다. 그렇기에 펜트하우스는 보통 사람이 닿을 수 없는 '공중'에 있는 집이기도 하다.

화자는 "공중에 닿고 싶은 분 발꿈치를 올리세요"나 "120층 높이의 공기가 궁금하"면 "악착같이 노력해서 청소부라도 돼보세요"하고 비아냥댄다. 수단과 방법을 가리지 않고 최고층까지 올라가려는 현대 사회의 탐욕을 풍자적으로 비판하고 있다.

구멍을 헤집으면서 걷어차인 흔적들
벗어날 수 없는 계급과 가난의 피,
빈티지 잔과 명품 가방 사이의 위계질서

귓가에 속삭임 뇌성 치던 그날에
그때처럼 거기서 움츠릴 수 없어요
　　　　　　　　　　—「굴렁쇠 나침반」 부분

비린내처럼 달라붙은 부석 해진 결말들
기척을 끌어안고서 변방을 호위한다
하나뿐인 목적지를 바꾸지는 않을 거다

아무리 허우적거려도
오늘도 난 직진이다
　　　　　　　　　　—「자이로 나침반」 부분

　위 시 「굴렁쇠 나침반」도 욕망이 제어되지 않는 자본주의 인간들의 모습을 비판한다. 자본에 걷어차여 낭떠러지로 떨어져 벗어날 수 없는 계급과 가난, 빈티지와 명품으로 위계가 획정된 세태를 비판적으로 진술하고 있다. 박민교 시인의 세태 비판은 「뜻밖의 나침반」에서 "무심코 눈에 띈 문구/'돈 세다 잠드소서'"로 시쳇말을 인용한 풍자의 절정을 이룬다.
　"시마(詩魔)에 홀려든" 시인 박민교는 시 「자이로 나침반」 인용 문장에 나타나듯 타락한 세태에서도 자신이 설정한 삶의 방향을 바꾸지 않는다. 그는 훼절하지 않는다.

사바세계에서, 고해에서도 자신이 설정한 하나뿐인 목적지를 향해 질주한다. 현실의 구렁에서 허우적거릴지언정 직진하고 있다. 시인의 신념이, 정신이 가장 강렬하게 나타나는 문장이다.

4.
현재 한국 불교는 과거의 영광과 풍성함을 뒤로하고 조용한 소멸과 정체의 길을 가고 있는 듯하다. 눈에 띄게 줄어드는 불교 성직자와 점점 감소하는 신도 수, 주말에도 사찰 마당의 한산한 방문객이 그것을 반증하고 있다. 때문에 과거에 풍성했던 불교 제재의 문학과 미술 등도 상대적으로 줄어들고 있는 듯하다.

연원이 오래된 불교는 갈수록 탈종교화를 통해 불상이나 그림, 글, 사진 등 앤틱으로서 사물이나 미학으로 대중에게 수용되는 느낌이다. 그러던 중 필자는 반갑게도 박민교 시인의 시에서 불교 제재를 수용한 시들을 여러 편 만날 수 있었다. 이를테면 표제 시인 「공작 도시」를 비롯해 「깜지처럼」, 「밤의 불립문자」, 「40일」, 「언어도단」, 「미용실에서」, 「웜홀 나침반」, 「엇박자 나침반」, 「Ring」 등 다수의 시편들이다.

   외할머니에서 어머니, 어머니에서 딸에게로

이어진 고리
떠나고 나면 신병을 앓는다고 했는데
나는 하나도 아프지 않았다

사람들은 우리 집을 무당집이라 불렀다
햇무리 빙빙 도는 징 꽹과리 장구로 굿 치면서
나를 집어삼킨 상상력은 언제나 깃발을 흔들었다
손님들이 들이닥치면 불안이 시작되고,
필연 우연 기연 악연을 중얼중얼 읽어낸다
설핏 가린, 어머니 치맛자락 응어리를 보듬는 밤
외줄 타고 왔다 갔다 한땀 한땀 건너 뛴다
발을 동동 굴러댄다 해결되지 않은 마름질일까
뻑뻑하거나 헐거워진 관계였다
— 「Ring」 부분

Ring은 고리다. 모계로 내려오는 어떤 연결 고리를 은유한다. 화자는 석가탑의 정수리에 걸린 달빛을 통해 모계가 이어지는 가전의 고리를 환유한다. 다소 자전적인 서사로 보이는 「Ring」에서 화자는 어머니의 어머니로부터 시작된 슬픈 연결 고리, 즉 비연(悲緣)을 진술하고 있다.

화자 자신은 이 비연의 고리를 탯줄을 자르면서 "불복종을 이어받았다"고 한다. 모계로 내려오는 슬픈 연결 고리를 끊었다는 은유다. 2연에서 확인되는바, 화자가 모계로 이어져 내려온 슬픈 고리의 내용은 무속의 신이다. 이 고리를 거부할 경우 신병이 난다는 게 통속적 견해다. 신병은 결국은 자신의 고리로 돌아가야 낫는다.

사람들이 화자의 집을 무당집이라고 불렀다는 문장에 오면 이 시가 더욱 쉽게 풀어진다. 화자는 무당으로 이어지는 모계의 고리를 잘랐는데, 하나도 아프지 않았다고 한다. 모계로부터 내려오는 슬픈 고리, 무속의 모계 전승을 끊어보려는 화자의 '불복종'과 '전승 거부'는 오히려 아팠다는 역설로 읽힌다.

시 「Ring」은 전통에 대한, 관습에 대한, 가전에 대한 불복종과 전승 거부라는 역설로 읽힌다면. 시 「40일」은 처음부터 "종일 걷는다면/걸어온 길은 다 내 땅이다"는 아포리즘과 "백 년의 노역/횡재수일까 횡재세일까"라는 비유와 희언으로 독자를 장악하는 시다. "백 년의 노역"은 시 속의 주인공인 노인의 일생을 은유한다.

뚜껑을 닫기 전
왜 내가 그런건지 모르겠다
내가 모르는 사이에 무언가 들어간 느낌이 들었다

뚜껑을 여는 순간

나무에 매달려 있을 때 나지 않던 지독한 냄새
개복숭아끼리 모여 살다가 삭혀진 자각몽 같다

40일을 기다리는 동안 노인은 죽었다
─「40일」 부분

절에 수십 년 다니면서도
단 한 번도 자기를 위하여 빌지 않았던 어머니
염불(念佛)이니 호불(呼佛)이니
어머니는 돌아가셨고 나는 아직도
어머니를 붙잡고 있으니
아직도 어머니를 부르고 있으니
─「깜지처럼」 부분

 위 시 「40일」에서 개복숭아를 모두 다 따가라는 노인의 명을 받은 화자는 손아귀가 아플 때까지 복숭아를 따와서 흑설탕에 버무려 청을 담는다. 화자는 용기의 뚜껑을 닫기 전 "무언가 들어간 느낌"을 갖는다. 또 용기의 뚜껑을 여는 순간 지독한 냄새를 맡게 된다. 그러나 나무에 매달려 있을 때 났던 냄새는 아니다.

 용기 속에서 "40일을 기다리는 동안 노인은 죽었다"고 한다. 40일은 개복숭아 숙성 기간일 것이다. 화자가 암시한 무언가 들어간 느낌이나 지독한 냄새는 죽은 노인을 상상케 한다. 화자는 복숭아꽃을 상상하며 개복숭아의 처음인 향기를 내린다. 그리곤 이렇게 진술한다. "어느 별에서 튕겨져 나온 꽃/칠불사 은하수를 만나러 간다"고. 지상의 인물과 복숭아꽃, 별, 칠불사로 사물과 공간이 비약하면서 독자의 상상력 폭을 넓혀주는 시다.

위 시「깜지처럼」은 병동에 입원한 어머니의 서사다. 병으로 은유되는 "흑심 한 자루를 안고" 사는 화자의 어머니는 시적 현재 "어머니 몸속으로 원발성 종양이 번져"가는 상황이다. 화자는 어머니가 "왜 몸속의 검정을 토해내지 않는지/그 많은 걸 몸속에 기록하고 있었을까"하고 질문을 던진다.

이미 돌아가신 화자의 어머니는 수십 년 절에 다니면서도 어머니 자신을 위해 한 번도 빌지 않았다. 화자는 시적 현재 그런 어머니를 붙잡고, 부르고 있다. 어쩌면 어머니가 안고 살았던 흑심의 "한쪽 작심(作心)"이 자신의 지분인 것 같다고 상상한다. 이 시는 앞에 시「ring」에 언급한 모계로 이어지는 슬픈 고리와 연결된다.「밤의 불립문자」에서는 취중에 휘두른 "고해(苦海)의 긴 혀"로 세운 불립문자가 아침에 휘발해 부끄럽다는 자성을,「웜홀 나침반」에서는 "어쩌면『금강경』을 다 외워도 행복할 수 없을 것 같아요"라는 고백을 한다.「엇박자 나침반」에서는 화자가 한 번쯤 선을 넘고, "업(業)에 빨려"들며, "업은 파동이고 파장이"라고 정리한다.

그리고 「미용실에서」 화자는 머리를 자르는 가위 소리에서 불경 소리를 듣는다. 화자는 미용사가 삭발을 의심하며 "정말 다 잘라도 될까요?" 묻지만 대답하지 않는다. 미용사는 삭발을 시작하고 화자는 "눈 감지 않는다/끝까지 울지 않는다." 불교 언어는 언어도단이다. 청자에게 언어의 불합리, 충격, 해체, 말문을 막거나 부정하는 방식으로 전달하는 방식이다.

언어도단은 언어가 끊기는 순간 의미가 폭발해야 한다. 언어도단을 모르는 사람은 말의 깊이를 모른다. 언어도단을 모르면 동문서답으로 끝난다. 화자가 "부처님 이젠 아무런 소원이 없어요" 하자 부처가 말한다. "아! 그럼 나랑 맞짱 뜨자고". 절차를 생략한, 그러나 쉽게 이해되는 비약이다.

5.

박민교 시인의 시들을 세 가지로 갈래지어 살펴보았다. 그의 시를 현대 도시 문명에 갇힌 인간 군상과 불교 어휘를 중심으로 현실 비평 및 불교 어휘 활용이라는 관점에서 바라보았다. 박민교 시인의 시는 거대 도시 전반에 자리한 자본의 탐욕과 절망한 인간을 형상하는데 현재어와 불교 어휘를 통해 적실하게 표현하고 있다. 그가 「시인의 말」에서 고민했던 "새로운 발견"을 시집을 통해 보여주고 있는 것이다.

펜트하우스나 풀 하우스 및 아파트와 분양 시장 등 부동산 어휘, 구직과 권고사직 등 자본 중심의 사회가 초래한 현실, 외래어와 나침반과 영어 제목 등 현재 언어들, 요즘 다른 시인들의 시에서 찾아보기 힘든 불교 어휘가 문장에 빈도 높게 나타난다. 이런 방식은 박민교 시인만의 개성이자 다른 시인들과 구별되는 주제와 표현이라고 할 수 있다.

독자들은 박민교 시인의 시를 통해 현재 도시 문명에 갇혀 사는 여러 인간의 모습을 만날 수 있을 것이다. 특히 인상적인 것은 현대인의 탐욕만큼이나 높고 거대한 도시 문명과 그 속에 갇혀 사는 절망하고 기죽은 도시인들의 모습이다. 나침반이 가리키는 미래가 없는 현재, 관습의 고리 끊기, 새로운 출구를 찾기 위해 고심하는 시인의 모습이 오롯이 보인다. 현실을 보는 눈이 밝은 박민교 시인의 시를 많은 독자들이 만나 잠시나마 행복하기를 바란다.

시인의 말

아름다운 노래이거나
새로운 발견이거나

의식의 날개
위기를 기회로 바꾼다

착지는 가볍게 반전은 뜨겁게
오랫동안 매몰되지 않았으면 좋겠다

기술은 연마하지만
마지막은 기술이 아님을 나는 안다

다시, 새롭게 흘러가려고
시를 쓴다

2025년 7월
높은 들에서
박민교

공작 도시

2025년 8월 10일 초판 1쇄 펴냄

지은이 _ 박민교
펴낸이 _ 양문규
펴낸곳 _ 詩와에세이

신고번호 _ 제2017-000025호
주   소 _ (30021)세종특별자치시 조치원읍 충현로 159, 상가동 107-1호
대표전화 _ (044)863-7652
팩시밀리 _ 0505-116-7653
휴대전화 _ 010-5355-7565
전자우편 _ sie2005@naver.com
공 급 처 _ 한국출판협동조합
주문전화 _ (02)716-5616
팩시밀리 _ (031)944-8234~6

ⓒ박민교, 2025
ISBN 979-11-91914-89-4 (03810)

* 지은이와 협의하여 인지는 생략합니다.
* 이 책 내용의 전부 또는 일부를 재사용하려면 반드시 지은이와
  詩와에세이 양측의 동의를 받아야 합니다.
* 책값은 뒤표지에 표시되어 있습니다.
* 이 책은 충청북도, 충북문화재단의 예술창작활동지원금으로 발간
  되었습니다.